I0815938

Campeones de la NBA: Los Philadelphia 76ers

El alero Chet Walker

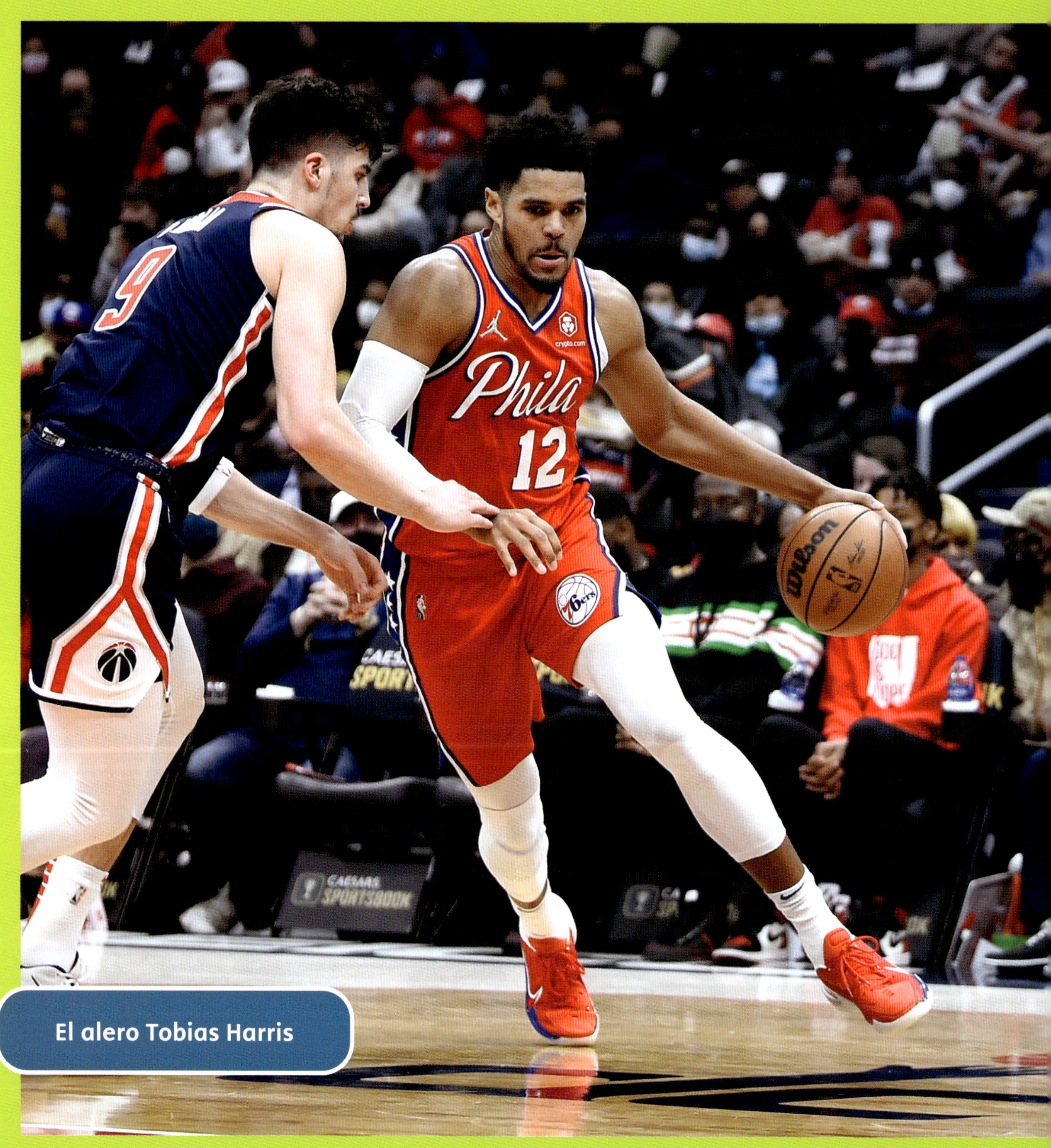

El alero Tobias Harris

CAMPEONES DE LA NBA

LOS PHILADELPHIA 76ERS

DENNY BULCAO, JR.

CREATIVE EDUCATION / CREATIVE PAPERBACKS

El alero Julius Erving

Publicado por Creative Education y Creative Paperbacks
P.O. Box 227, Mankato, Minnesota 56002
Creative Education y Creative Paperbacks son marcas registradas de
The Creative Company
www.thecreativecompany.us

Dirección artística de Tom Morgan
Producción de libros de Graham Morgan
Editado por Grace Cain

Imágenes de Getty Images/Bettmann, 4, Focus On Sport, 1, 3, 6, 19, 24, G Fiume, 2, John G. Zimmerman, 12, Manny Millan, 16, Mitchell Leff, portada, 5, 10, Neil Leifer, portada, 7, Sarah Stier, 20, Walter Iooss Jr, 15; Pexels/Trev Adams, 9

Se ha hecho todo lo posible por contactar con los titulares de los derechos de autor del material reproducido en este libro. Cualquier omisión será rectificada en impresiones posteriores si se notifica al editor.

Copyright © 2025 Creative Education, Creative Paperbacks
Derechos de autor internacionales reservados en todos los países. Ninguna parte de este libro puede ser reproducida en ninguna forma sin permiso escrito del editor.

Library of Congress Cataloging-in-Publication Data
Names: Bulcao, Denny Jr., author.
Title: Los Philadelphia 76ers / by Denny Bulcao, Jr.
Other titles: Philadelphia 76ers. Spanish
Description: Mankato, Minnesota : Creative Education and Creative Paperbacks, [2025] | Series: Creative sports. Campeones de la NBA | Ages 7-10 years | Audience: Grades 2-3 | Summary: "Elementary-level text translated into North American Spanish and dynamic sports photos highlight the NBA championship wins of the Philadelphia 76ers, plus sensational players associated with the professional basketball team such as Joel Embiid"-- Provided by publisher.
Identifiers: LCCN 2024023433 (print) | LCCN 2024023434 (ebook) | ISBN 9798889898245 (lib. bdg.) | ISBN 9781682778838 (paperback) | ISBN 9798889898443 (ebook)
Subjects: LCSH: Philadelphia 76ers (Basketball team)--Juvenile literature. | Basketball--Pennsylvania--Philadelphia--History--Juvenile literature.
Classification: LCC GV885.52.P45 B8518 2025 (print) | LCC GV885.52.P45 (ebook) | DDC 796.323/640974811--dc23/eng/20240703

Impreso en China

El centro Joel Embiid

El alero Charles Barkley

ÍNDICE

Hogar de los 76ers

Philadelphia es la ciudad más grande de Pennsylvania. Es conocida por su historia en torno al nacimiento de nuestro país. La Declaración de Independencia y la Constitución se firmaron en esta ciudad. Philadelphia tiene un **estadio** llamado Wells Fargo Center. Es el hogar del equipo de baloncesto llamado los 76ers.

El centro Joel Embiid

os Philadelphia 76ers son un equipo de la Asociación Nacional de Baloncesto (NBA). Compiten en la División Atlántica. Forma parte de la Conferencia Este. Sus **rivales** son los New York Knicks y los Boston Celtics. Todos los equipos de la NBA quieren ganar las **Finales de la NBA** y proclamarse campeones.

El centro Wilt Chamberlain

Nombrando a los 76ers

El equipo comenzó como los Syracuse Nationals en 1946. Se convirtieron en los 76ers cuando se trasladaron a Philadelphia en 1963. Los Padres Fundadores votaron para hacer de Estados Unidos un nuevo país en 1776.

Historia de los 76ers

Los Syracuse Nationals formaron parte de la Liga Nacional de Baloncesto antes de unirse a la NBA en 1949. El mejor jugador del equipo era el duro alero Dolph Schayes. Llegó a formar parte del equipo All-Star en 12 ocasiones. Llevó a los Nationals a su primer campeonato de la NBA en 1955.

Después de convertirse en los 76ers, el equipo ganó su segundo campeonato en 1967. A los aficionados de Philadelphia les encantaba ver cómo el alero Billy Cunningham saltaba por rebotes. Le llamaban "The Kangaroo Kid".

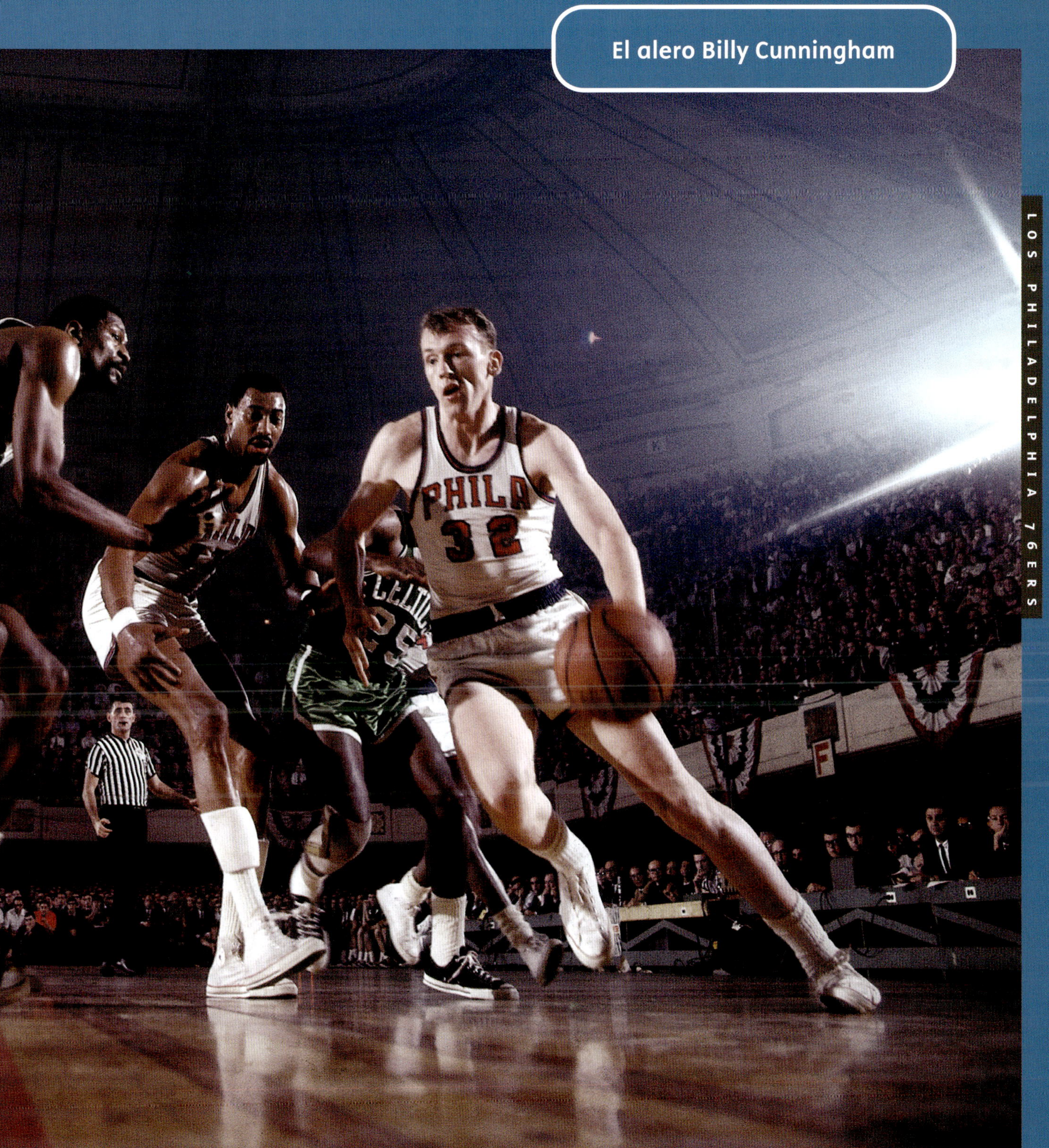

El alero Billy Cunningham

El centro Moses Malone

Los 76ers ganaron 65 partidos en la temporada 1982-83 y conquistaron un tercer **título**. Otros equipos no podían parar al poderoso centro Moses Malone ni al alero de gran salto Julius Erving. Erving era apodado "Dr. J". Ganó un premio al **Jugador Más Valioso (MVP)** de la NBA. También fue 11 veces All-Star.

Los 76ers llegaron de nuevo a las Finales en 2001. No ganaron el título. El veloz escolta Allen Iverson entusiasmó a los aficionados de Philadelphia con sus rápidos movimientos. "A.I." fue incluido en el Salón de la Fama del Baloncesto en 2016.

Otras estrellas de los 76ers

Los 76ers han tenido muchas estrellas. El escolta Hal Greer fue uno de los mejores anotadores del equipo durante 15 temporadas. Greer y Wilt Chamberlain, un centro de 7 pies y 1 pulgada, fueron jugadores clave durante la temporada del campeonato de 1966-67. Chamberlain ganó tres de sus cuatro premios al Jugador Más Valioso de la NBA con los 76ers.

El base Maurice "Mo" Cheeks era muy buen pasador y defensor. El alero Charles Barkley era un jugador duro. No era muy alto, pero era un gran reboteador.

El escolta Hal Greer

El base Tyrese Maxey

El centro Joel Embiid se unió a los 76ers para la temporada 2016-17. ¡Mide 7 pies de altura! Embiid ha ganado muchos premios. Fue nombrado el Jugador Más Valioso de la NBA para la temporada 2022-23. ¡Los aficionados esperan un cuarto campeonato!

Acerca de los 76ers

Primera temporada: 1946-47

Conferencia/división: Conferencia Este, División Atlántica

Colores del equipo: azul, rojo, azul marino, plata y blanco

Estadio local: Wells Fargo Center

CAMPEONATOS DE LA NBA:

1955, 4 partidos a 3 sobre los Fort Wayne Pistons

1967, 4 partidos a 2 sobre los San Francisco Warriors

1983, 4 partidos a 0 sobre Los Angeles Lakers

PÁGINA WEB DEL EQUIPO:

https://www.nba.com/sixers/

Glosario

estadio—un edificio grande con asientos para espectadores, donde se celebran partidos deportivos y eventos de entretenimiento

Finales de la NBA—serie de partidos entre dos equipos al final de las eliminatorias; el primer equipo que gana cuatro partidos es el campeón

Jugador Más Valioso (MVP)—un honor otorgado al mejor jugador de la temporada

rival—equipo que juega más duro contra otro equipo

título—otra palabra para campeonato

El alero Julius Erving

Índice